AF388523

# Die Mangel
Gedichte


Christoph Sebastian Widdau

Bibliografische Information der Deutschen Nationalbibliothek: Die Deutsche Nationalbibliothek verzeichnet diese Publikation in der Deutschen Nationalbibliografie; detaillierte bibliografische Daten sind im Internet über dnb.dnb.de abrufbar.



Herstellung und Verlag:
BoD – Books on Demand, Norderstedt

ISBN: 9783743128651

*Für den Magischen*

# Inhalt

**Die Mangel**

Die Mangel
Aus der ich dich nehme
Um dich zu retten
Und dann zu beziehen
Auf meinem Bett

## Im Gleisbett wühlend, Lampenschein

Im Gleisbett wühlend, Lampenschein
Geheul und Dampf gebissen
Der Schlag der Schwelle, Kissen
Hat Schotterstein, Draisinenklein
Ihm Muskelfleisch verschlissen

Im Gleisbett wühlend, Lampenflacker
Sich aufbrechend zum Reisen
Verbrannte Erde, Schneisen
Hat Schotterstein, Draisinenklein
Dem Rastlosen zu weisen

**Gelöst**

Gelöst
Die Sonntagsgartenschlachtung

Durchsuppt
Aus dem Kaninchenstall

Eingefaltet
Die geblümte Schürze der Omama

Bedrängt
Die glatte Zeugenstirn an der Holzhütte

Weht
Der Organgestank am Weiher

Steht
Der Blutgeruch im Taubenflur

Steckt
In dem brüchigen Gerüst abgefallener Knochen

Auf denen du gründest

# In der Schlacht

In der Schlacht
An einem Morgen
Des Tages des Jahresmonats

Fragte irgendeiner
Einen anderen
Irgendetwas

Aber der
Auf Ziffern stierend
Dann mit dem Daumen Winde prüfend
Wusste es auch nicht

**Zeitgeist III**

Ihr, die ihr
Ich kann ja nicht tauchen
Weil wegen wem oder wessen
Da war doch bestimmt

Also, ich nicht
Der Zifferncode, sage mal
Bequem auf Augenhöhe
Begegnet eurem Sproß
Der eure Mutter sein soll

Spleißen echt jetzt, Alter
Technik ohne Material
Material ohne Technik
Mit allem und nichts magst du mal

Gebucht ohne Nachsicht
Seid ihr Nachgeborenen
Der Nachgeborenen

**Dein Wort gibt meines**

Dein Wort gibt meines
In einer Folge

Die ich zu empfinden bereit bin
Als Folge

Ohne, dass ich daraus bilde ein Wort
Oder du

# Aus deiner Stube

Aus deiner Stube
Zum Mühlenteich hin
Konntest du Pferden und Gänsen
Konntest du Hühnern und Schweinen winken

Von den Pferden und Gänsen
Von den Hühnern und Schweinen aus
Erblicke ich nichts als ein Fenster
In dem sich spiegeln:

Schweine, Hühner, Gänse, Pferde
Und

**Begradigt, was ihr beerdigt**

Begradigt
Was ihr beerdigt

Sacht
Mit einem Spaten

Gemeinsam
Mit dem Eichelhäher

Friedlich
Damit kein Ausschlag

Schnellt
In Tiefen und Höhen

Tiefe
Mich zu erregen

Höhe
Mich zu beschämen

Ehren
Würdet ihr mich

Freudvoll
So nichts bleibt

**Gedenken bedarf keiner Stunde**

Gedenken bedarf keiner Stunde
Meine Geborgene

Da du mir Einfall sich brechenden Schlafes bist
Da mir die Malve kündet
Da mich der Glockenschlag lockt
Da es der Würze mangelt
Da der Brunnen sich füllt
Da der Dämmervogel wacht
Da ich mit der Axt entzweie

Meine Geborgene
So ist Zeit mein Gedenken

## In der Empfangshalle einer Absteige

In der Empfangshalle einer Absteige
Die es nicht gibt
Nehme ich dich auf
Auch ohne Heller und Knöpfen in Taschen

Lade dich ein
Und schmecke dich ab, Geschmackloses
Und messe dich, Maßloses
Weise dir einen silbernen Schlüssel zu
Für einen möblierten Raum
Den es nicht gibt

So sitzen wir einander gegenüber
Oder hocken auf etwas
Du und ich
Die es gibt

In dieser Absteige, in diesem Raum
Von einem Weg aus
Von einem Dorf A über eine Stadt B
Empfangen wir einander
Absichtslos

## Geliebt habe ich ihn nicht mehr

Geliebt habe ich ihn nicht mehr
Sagte sie, leise und fest
Sich an ihrer Tasche haltend

Weder traurig bin ich noch froh
Aber er war ein sehr netter Mann
Bitte verachten Sie mich nicht

So nahm sie Platz, schmucklos
Auf einer kalten Bank, zwischen
Diesem und jenem Blanken

Sie vom Winkel aus verfolgend
Wollte ich sie halten und kosen
Um sie zu ehren, die Redliche

## Der Kuss hebt auf im Augenschluss

Der Kuss hebt auf im Augenschluss
Die Grenzen fein verschwimmen
Der Kuss ergießt im Augenfluss
Die Gluten, die verglimmen

Der Kuss bleibt ohne Augenschuss
Die Nahsucht, sie zwingt nieder
Der Kuss hebt auf den Augenschluss
Die Trennung souffliert Lieder

Die Lippentrennung, Wort um Wort
Bestimmt das Lakensehnen
Dass aufhebt sich der Kuss als Kuss
Ist nichts als Grund für Tränen

**Mit deinem Schopf**

Mit deinem Schopf
Wollte ich mich einkleiden
Um mich einzunisten

Und nicht zu überhören
Was pulsiert, was gruppiert
Und was systematisiert

Damit wir symmetrisch setzen
Wollte ich mich einkleiden
An meinem deinem Kopf

# Kinderphilosophie

Kinderphilosophie:
Sind zwei plus zwei noch vier
Wenn in einem Wald ein Baum fällt
Was niemand hört
Und wenn die Flusen spannen
Im Bauchnabel des unbekannten Riesen
Der uns träumt?

# Allquantorphantasien

Allquantorphantasien:
Für alle x gilt
Dass sie deine Geschöpfe sind
In ihrem Schöpfen
Des Existenzquantors

**Fremdworte**

Fremdworte
Die dir einfallen
Bat sie dich aufzuschreiben
Wie sie dir einfallen:

Compasso
Femtosekundenspektroskopie
Homöostase
Mamilla
Wurzelspitzenresektion
Langeweile
Spaß
Freundschaft
Glück

Und als sie dich bat
Nachdenkend durchzustreichen

Blieben mehr Worte übrig
Als die Fremdworte
Die sie dich aufzuschreiben bat

**Schlage dich in den Wind**

Schlage dich in den Wind
Den Unerwartbaren

Mit diesem Tüchlein
Vorbei an den ersten Kiefern

Verdienstlos getrieben
Um dann doch zu reißen

Und Farbe zu verlieren
In den Tropfengüssen

Die dich vergeben

**Wenn du ihn mir nicht nennst**

Wenn du ihn mir nicht nennst
Deinen Namen
Dann graviere ich ihn ein
Wie er mir gefällt

Ergreife den Stichel
Setze unter der Brücke an
Mit dem Holze im Mund
Geschieht, wie man es so nennt

So presse ich ihn ein und hervor
Notburga

## Offenbarung

Offenbarung
Im Schoß des Wehrs
Auch der Zug fährt
Irgendwo bimmelt es
So die Nuss fällt
Zwischen den Lüften
Und zerschellt
Inmitten des Wortes
Das bestimmt war
Für den Monolog
Zwischen dir und
Zwischen den Lüften

**Triptychon**

Triptychon
Mit Schnüren Verknüpftes
Entfaltetes von dir
Belichtetes von dir

Dreifach geschürzt
Deine Lippen
Auf diesem und jenem und diesem
Feiere ich Andacht

Zwischen deinen Flügeln
Und dem gefertigten Himmel
Unter dem ich dich
Denken darf

**Dich bilde ich mir ein**

Dich bilde ich mir ein
An Klippen, Waldrandstufen
An Dünen, Sandgestein
In Kehlchens hellem Rufen

Dich bilde ich mir ein
Im Traumgespinst der Nacht
Im Wolkennebelhain
In Leuchtturmwärterwacht

Dich bilde ich mir ein
Im Tintenfarbenspiel
Im sehnsuchtsvollen Reim
Mit abgeliebtem Kiel

## Soldbuch zugleich Personalausweis

Soldbuch zugleich Personalausweis
Die Nummer für den Grenadier
Zum Feldheer abgesandt von
Strich eingegraben im Papier

Kragenbinde Schlupfjacke Kopfschützer
Feldmütze Feldbluse Tuchhose
Sockenlappen Schnürschuhe Leibbinde
Seiten brechen Seiten lose

Stahlhelm Fettbüchse Signalpfeife
Klapphacke Spaten Klauenbeil
Drahtschere Gasmaske Maskenbrille
Verheizt Josef mit Seifenkeil

Beurlaubungen über fünf Tage
Als Schüsse Feuer Augen Boten
Sorgsame Aufbewahrung liegt im Interesse
Des auf dem Feld verstreuten Toten